The Traveler And The Witch: Short Stories for Italian Language Learners

Artici Bilingual Books

Published by Artici Bilingual Books, 2024.

THE TRAVELER AND THE WITCH: SHORT STORIES FOR ITALIAN LANGUAGE LEARNERS

First edition. March 18, 2024.

Copyright © 2024 Artici Bilingual Books.

ISBN: 979-8224442393

Written by Artici Bilingual Books.

Table of Contents

La Notte dei Vagabondi

Sotto la luna che sorgeva lentamente sopra il vecchio ponte di pietra, Marco camminava con passo deciso lungo la strada sterrata. La sua ombra si allungava sul terreno, segnando il passare del tempo nella notte silenziosa. Non c'era alcun suono, tranne il fruscio delle foglie mosse dalla brezza e il lontano richiamo di una civetta nell'oscurità.

Marco era un uomo di poche parole, con occhi che raccontavano storie più grandi di quanto le sue labbra avrebbero mai potuto esprimere. Indossava un cappotto logoro che portava i segni del tempo e delle avventure vissute, e un cappello slacciato che gli conferiva un'aria misteriosa.

Attraversò il ponte, il rumore dei suoi passi echeggiava nel vuoto della notte. Si fermò un istante e guardò il fiume che scorreva sotto di lui, riflettendo la luce pallida della luna. Un brivido gli corse lungo la schiena, ricordandogli i giorni trascorsi a viaggiare lungo quelle stesse acque, quando il mondo sembrava così vasto e insondabile.

Continuò a camminare lungo la strada deserta, immerso nei suoi pensieri. Era un uomo solitario, abituato a percorrere strade che pochi osavano intraprendere. Non cercava compagnia né conforto, ma il richiamo dell'ignoto lo spingeva sempre avanti, come un fiume in piena che non conosceva ostacoli.

All'improvviso, un suono lo fece sobbalzare. Un rumore sordo, come di passi veloci sul terreno. Si voltò di scatto, cercando nella penombra dell'oscurità l'origine di quel suono. Ma non vide nulla, solo il vuoto della notte che lo circondava.

Un brivido di apprensione lo attraversò, e istintivamente si portò la mano al fianco, dove il suo coltello giaceva nascosto sotto il cappotto. Non era uno scapolo né un codardo, ma sapeva che in certi momenti la prudenza era più saggia della temerarietà.

Continuò a camminare, cercando di ignorare il battito accelerato del suo cuore. Ma il senso di inquietudine cresceva dentro di lui, come un'ombra che si allungava sulla sua anima. E quando finalmente raggiunse il villaggio che si stagliava contro il cielo notturno, sentì che qualcosa di sinistro si nascondeva tra le sue strade deserte.

Le case di pietra sembravano dormire sotto il manto della notte, con le finestre buie e le porte chiuse. Non c'era alcun segno di vita, tranne il chiarore fioco delle lanterne che oscillavano nel vento. Marco si fermò di fronte alla locanda, scrutando l'oscurità con occhi penetranti.

Fu allora che lo vide. Un'ombra scura che si muoveva furtivamente lungo la parete della locanda, come un ladro nell'ombra della notte. Marco si mosse silenziosamente, avvicinandosi con cautela alla figura nascosta nell'oscurità.

Quando finalmente la raggiunse, vide il viso di un giovane ragazzo, sporco e affaticato. I suoi occhi erano spalancati dal terrore, e la sua mano stringeva con forza un pezzo di carta logora.

"Chi sei tu?" chiese Marco, la voce bassa e minacciosa.

Il ragazzo lo guardò con occhi spaventati, ma poi sembrò raccogliere il coraggio e gli porse la carta tremante. Marco la prese e la guardò attentamente, leggendo le parole scritte a mano con un'inchiostro sbiadito.

"È una mappa del tesoro", disse il ragazzo con voce ansiosa. "Mi è stata data da mio padre, poco prima che morisse. Dice che porta a un tesoro nascosto nel cuore della foresta, ma non riesco a decifrare le indicazioni. Ho bisogno del tuo aiuto, signore. Ti prego, aiutami a trovare il tesoro e sarai ricompensato generosamente."

Marco guardò il ragazzo per un istante, scrutando il suo volto giovane e innocente. Poi si girò verso la notte, dove la foresta si estendeva come un'enigma senza fine.

"Va bene", disse infine, la voce calma e risoluta. "Ti aiuterò a trovare il tesoro. Ma ricorda, ragazzo: il tesoro che cerchiamo potrebbe non essere quello che ci aspettiamo."

E così, sotto il chiarore pallido della luna, Marco e il ragazzo si addentrarono nella foresta oscura, pronti ad affrontare i pericoli che li attendevano.

3

The Night of the Vagabonds

Under the moon rising slowly above the old stone bridge, Marco walked with determined steps along the dirt road. His shadow stretched across the ground, marking the passing of time in the silent night. There was no sound, except for the rustle of leaves moved by the breeze and the distant call of an owl in the darkness.

Marco was a man of few words, with eyes that told stories bigger than his lips could ever express. He wore a worn coat bearing the marks of time and adventures, and a loosely fastened hat that gave him a mysterious air. He crossed the bridge, the sound of his steps echoing in the emptiness of the night. He stopped for a moment and looked at the river flowing beneath him, reflecting the pale light of the moon. A shiver ran down his spine, reminding him of the days spent traveling along those same waters, when the world seemed so vast and unfathomable.

He continued to walk along the deserted road, lost in his thoughts. He was a solitary man, accustomed to traveling roads that few dared to tread. He sought neither company nor comfort, but the call of the unknown always propelled him forward, like a river in flood that knew no obstacles.

Suddenly, a sound made him startle. A dull noise, like quick steps on the ground. He turned sharply, searching in the darkness for the origin of that sound. But he saw nothing, only the void of the night surrounding him.

A sense of apprehension crossed him, and instinctively he brought his hand to his side, where his knife lay hidden under the coat. He was neither a coward nor a fool, but he knew that in certain moments prudence was wiser than recklessness.

He continued to walk, trying to ignore the accelerated beating of his heart. But the feeling of unease grew inside him, like a shadow stretching over his soul. And when he finally reached the village that stood against the night sky, he felt that something sinister lurked within its deserted streets.

The stone houses seemed to sleep under the cloak of the night, with darkened windows and closed doors. There was no sign of life, except for the faint glow of lanterns swaying in the wind. Marco stopped in front of the inn, scrutinizing the darkness with penetrating eyes.

It was then that he saw him. A dark shadow moving stealthily along the wall of the inn, like a thief in the shadow of the night. Marco moved silently, approaching cautiously the figure hidden in the darkness.

When he finally reached him, he saw the face of a young boy, dirty and tired. His eyes were wide with terror, and his hand tightly gripped a piece of worn paper.

"Who are you?" Marco asked, his voice low and threatening.

The boy looked at him with frightened eyes, but then seemed to gather courage and handed him the trembling paper. Marco took it and looked at it carefully, reading the handwritten words with faded ink.

"It's a treasure map," the boy said anxiously. "It was given to me by my father, just before he died. He says it leads to a treasure hidden in the heart of the forest, but I can't decipher the directions. I need your help, sir. Please, help me find the treasure and you will be generously rewarded."

Marco looked at the boy for a moment, scrutinizing his young and innocent face. Then he turned to the night, where the forest stretched out like an endless enigma.

"Alright," he said finally, his voice calm and resolute. "I will help you find the treasure. But remember, boy: the treasure we seek may not be what we expect."

And so, under the pale glow of the moon, Marco and the boy ventured into the dark forest, ready to face the dangers that awaited them.

Il Barattolo di Marmellata

C'era una volta un piccolo villaggio nascosto tra le colline dell'Italia centrale, dove le case avevano tetti di tegole rosse e i prati erano punteggiati di fiori colorati. In questo villaggio viveva un anziano signore di nome Giovanni, noto per la sua passione per la marmellata fatta in casa.

Giovanni aveva un giardino rigoglioso, dove coltivava le fragole più succulente e le pesche più dolci che si potessero trovare in tutta la valle. E ogni estate, quando i frutti maturavano sotto il sole caldo, Giovanni si metteva all'opera nella sua cucina, mescolando e cuocendo con cura fino a ottenere la marmellata più deliziosa che si potesse immaginare.

La sua marmellata era così prelibata che le persone venivano da lontano solo per assaggiarla. E Giovanni, con un sorriso gentile sul volto, offriva loro un po' della sua creazione magica, gustando la felicità che brillava nei loro occhi mentre assaporavano quel regalo dei suoi frutti.

Ma c'era un segreto che Giovanni custodiva gelosamente, un ingrediente misterioso che rendeva la sua marmellata così straordinaria. E quel segreto risiedeva in un piccolo barattolo di vetro, nascosto al riparo dagli sguardi indiscreti nella dispensa della sua cucina.

Il barattolo era piccolo e trasparente, con un'etichetta sbiadita che portava il nome "Marmellata Speciale". E dentro di esso si trovava una polvere magica, una miscela segreta che Giovanni aggiungeva alla sua marmellata per conferirle quel gusto unico e irresistibile.

Ma un giorno, mentre Giovanni stava preparando la sua marmellata annuale, si accorse con orrore che il barattolo magico era vuoto. Aveva usato l'ultima polvere magica l'estate precedente e non era riuscito a procurarsene dell'altra. La sua marmellata non sarebbe stata la stessa senza di essa, e Giovanni si sentì preso dal panico.

Decise allora di chiedere aiuto ai suoi vicini, sperando che qualcuno potesse aiutarlo a trovare gli ingredienti segreti di cui aveva bisogno.

Fu solo quando incontrò la signora Rosa, la vecchia guaritrice del villaggio, che le cose presero una svolta inaspettata. La signora Rosa era una donna saggia e misteriosa, con capelli grigi raccolti in una crocchia e occhi che sembravano leggere l'anima delle persone.

"Giovanni," disse la signora Rosa con voce calma, "so cosa ti serve per la tua marmellata. Ma ottenere gli ingredienti non sarà facile. Dovrai attraversare la foresta incantata e trovare il giardino segreto delle fragole, dove crescono i frutti più prelibati che tu abbia mai visto."

Giovanni ascoltò con attenzione le parole della signora Rosa, il cuore gonfio di speranza. Era disposto a fare qualsiasi cosa per salvare la sua marmellata, anche se significava affrontare le creature più strane e pericolose che popolavano la foresta incantata.

Così, all'alba del giorno successivo, Giovanni si mise in viaggio, con una cesta vuota e il coraggio nel cuore. Attraversò la foresta densa e oscura, con gli alberi che sembravano sussurrare segreti millenari e gli uccelli che cantavano melodie incantate.

Dopo ore di cammino, finalmente Giovanni vide una luce brillare tra gli alberi. Era il giardino segreto delle fragole, un luogo magico e meraviglioso che sembrava uscito da una fiaba.

Le fragole erano rosse e succulente, più grandi e più dolci di qualsiasi altra fragola avesse mai visto. Giovanni riempì la sua cesta con i frutti del giardino, assaporando il profumo dolce che riempiva l'aria.

Ma proprio quando stava per lasciare il giardino, una voce lo fermò.

"Chi osa disturbare il nostro giardino segreto?" chiese una creatura misteriosa, emergendo dall'ombra degli alberi.

Era una fata, con ali di farfalla e un vestito fatto di petali di rosa. Il suo sguardo era severo, ma Giovanni vide una scintilla di curiosità nei suoi occhi luminosi.

"Mi chiamo Giovanni," disse con voce tremante, "e ho bisogno dei frutti del vostro giardino per fare la mia marmellata speciale. Vi prego, permettetemi di portarli con me."

La fata lo guardò per un lungo momento, come se stesse valutando la sua sincerità. Poi, con un sorriso malizioso, disse: "Porta via i frutti del nostro giardino, Giovanni. Ma ricorda, ogni regalo ha un prezzo."

Giovanni ringraziò la fata con un inchino e si affrettò a lasciare il giardino, la cesta piena di fragole rosse e succulente.

Tornato al suo villaggio, Giovanni mise subito all'opera, aggiungendo le fragole magiche alla sua marmellata e mescolando con cura fino a ottenere il risultato desiderato. E quando finalmente assaggiò il primo cucchiaio della sua creazione, un sorriso di soddisfazione illuminò il suo viso.

La sua marmellata era ancora più deliziosa di prima, con un gusto unico e irripetibile che conquistò il cuore di tutti coloro che la assaggiarono. E Giovanni, con un brillo di orgoglio negli occhi, condivise la sua creazione magica con tutto il villaggio, sapendo che quel giorno sarebbe stato ricordato come uno dei più grandi successi della sua vita.

The Jar of Jam

Once upon a time, there was a small village hidden among the hills of central Italy, where the houses had roofs of red tiles and the meadows were dotted with colorful flowers. In this village lived an old man named Giovanni, known for his passion for homemade jam.

Giovanni had a lush garden, where he grew the most succulent strawberries and the sweetest peaches that could be found in the entire valley. And every summer, when the fruits ripened under the hot sun, Giovanni got to work in his kitchen, mixing and cooking carefully until he obtained the most delicious jam imaginable.

His jam was so delicious that people came from far and wide just to taste it. And Giovanni, with a gentle smile on his face, offered them some of his magical creation, enjoying the happiness that shone in their eyes as they savored that gift from his fruits.

But there was a secret that Giovanni jealously guarded, a mysterious ingredient that made his jam so extraordinary. And that secret lay in a small glass jar, hidden from prying eyes in the pantry of his kitchen.

The jar was small and transparent, with a faded label bearing the name "Special Jam". And inside it was a magical powder, a secret blend that Giovanni added to his jam to give it that unique and irresistible taste.

But one day, while Giovanni was preparing his annual jam, he noticed with horror that the magic jar was empty. He had used the last magical powder the previous summer and had failed to procure more. His jam would not be the same without it, and Giovanni felt panic rising within him.

He decided then to ask for help from his neighbors, hoping that someone could help him find the secret ingredients he needed.

It was only when he met Mrs. Rosa, the old healer of the village, that things took an unexpected turn. Mrs. Rosa was a wise and mysterious woman, with gray hair tied in a bun and eyes that seemed to read people's souls.

"Giovanni," Mrs. Rosa said calmly, "I know what you need for your jam. But obtaining the ingredients will not be easy. You will have to cross the enchanted forest and find the secret strawberry garden, where the most delicious fruits you have ever seen grow."

Giovanni listened carefully to Mrs. Rosa's words, his heart swelling with hope. He was willing to do anything to save his jam, even if it meant facing the strangest and most dangerous creatures that inhabited the enchanted forest.

So, at dawn the next day, Giovanni set out, with an empty basket and courage in his heart. He crossed the dense and dark forest, with the trees whispering ancient secrets and the birds singing enchanted melodies.

After hours of walking, Giovanni finally saw a light shining among the trees. It was the secret strawberry garden, a magical and wonderful place that seemed to have come straight out of a fairy tale.

The strawberries were red and succulent, larger and sweeter than any strawberry Giovanni had ever seen. Giovanni filled his basket with the fruits of the garden, savoring the sweet scent that filled the air.

But just as he was about to leave the garden, a voice stopped him.

"Who dares disturb our secret garden?" asked a mysterious creature, emerging from the shadow of the trees.

It was a fairy, with butterfly wings and a dress made of rose petals. Her gaze was severe, but Giovanni saw a spark of curiosity in her bright eyes.

"My name is Giovanni," he said, his voice trembling, "and I need the fruits of your garden to make my special jam. Please, allow me to take them with me."

The fairy looked at him for a long moment, as if weighing his sincerity. Then, with a mischievous smile, she said, "Take the fruits of our garden, Giovanni. But remember, every gift has a price."

Giovanni thanked the fairy with a bow and hurried to leave the garden, his basket full of red and succulent strawberries.

Back in his village, Giovanni got to work immediately, adding the magical strawberries to his jam and mixing carefully until he got the desired result. And when he finally tasted the first spoonful of his creation, a smile of satisfaction lit up his face.

His jam was even more delicious than before, with a unique and unrepeatable taste that won the hearts of all who tasted it. And Giovanni, with a gleam of pride in his eyes, shared his magical creation with the entire village, knowing that that day would be remembered as one of the greatest successes of his life.

Il Viaggiatore e la Strega

C'era una volta un viaggiatore solitario che vagava per le strade polverose di un antico villaggio in una remota regione montuosa. Il suo nome era Luca, e portava sulle spalle un fardello di ricordi e desideri irrealizzati. Aveva occhi profondi, che sembravano aver visto più del normale, e un cuore che bramava di scoprire il significato nascosto della vita.

Una sera, mentre il sole si nascondeva dietro le cime delle montagne, Luca arrivò al margine del villaggio e si imbatté in una vecchia capanna circondata da alberi maestosi. Era la dimora di una strega, conosciuta nella regione per i suoi poteri misteriosi e la saggezza antica.

Luca si avvicinò con cautela, sentendo un brivido di eccitazione corrergli lungo la schiena. Bussò alla porta di legno scura e attese, il cuore pulsante nell'attesa.

La porta si aprì lentamente, e una figura avvolta in un mantello nero apparve nell'ombra. Era la strega, con i capelli grigi che cadevano come un mantello intorno alle spalle e gli occhi scuri che brillavano con una luce strana.

"Chi sei tu, viaggiatore?" chiese la strega con voce calma ma penetrante.

"Sono Luca, un cercatore di verità e significato", rispose Luca con fierezza. "Ho sentito parlare dei tuoi poteri e della tua saggezza, e sono venuto in cerca di risposte."

La strega lo scrutò per un lungo momento, come se cercasse di leggere nei suoi pensieri. Poi, con un cenno della mano, lo invitò ad entrare nella capanna.

All'interno, il fuoco scoppiettava nel camino, illuminando le pareti ricoperte di misteriosi simboli e amuleti. La strega invitò Luca a sedersi di fronte a lei, e lui lo fece con riluttanza, sentendo un misto di timore e curiosità.

"Che cosa cerchi, viaggiatore?" chiese la strega, il fuoco danzante riflesso nei suoi occhi.

"La verità", rispose Luca senza esitazione. "La verità sulla vita, sull'amore, sul destino. Voglio capire il mio scopo in questo mondo, e trovare la pace interiore che tanto bramo."

La strega annuì lentamente, come se comprendesse la profondità delle sue parole. Poi, con voce bassa e grave, iniziò a raccontare una storia antica, una storia di magia e destino intrecciati.

"Una volta, c'era un giovane pastore che viveva sulle colline di questa stessa regione", cominciò la strega. "Era un ragazzo semplice, ma con un'anima profonda e un cuore gentile. Un giorno, mentre pascolava il suo gregge, incontrò una fanciulla dai capelli d'oro, una creatura tanto bella quanto misteriosa."

Luca ascoltava rapito, immerso nella narrazione della strega.

"Il giovane pastore si innamorò perdutamente della fanciulla, e decise di seguirne le tracce ovunque lo avessero condotto. Ma il destino aveva in serbo per loro prove difficili e pericolose, e il loro cammino fu segnato da avventure straordinarie e tragedie inaspettate."

La strega continuò a raccontare la storia del giovane pastore e della fanciulla dai capelli d'oro, intrecciando leggende e profezie, svelando segreti nascosti e verità celate nel cuore dell'universo.

E mentre ascoltava le parole della strega, Luca sentì una strana sensazione di familiarità, come se quella storia fosse in qualche modo legata alla sua stessa esistenza.

"Che cosa significa questa storia, strega?" chiese Luca, gli occhi ardenti di curiosità.

La strega sorrise misteriosamente e disse: "La verità che cerchi, viaggiatore, non può essere trovata in racconti o profezie. È qualcosa che devi scoprire dentro di te, nel profondo del tuo essere. Solo quando avrai compreso il vero significato dell'amore e della vita potrai trovare la pace interiore che tanto brami."

Le parole della strega risuonarono nella mente di Luca mentre lasciava la capanna e tornava per le strade polverose del villaggio. Aveva ancora molte domande senza risposta, ma sapeva che il viaggio verso la verità era appena iniziato.

E così, con il cuore pieno di speranza e determinazione, Luca continuò il suo viaggio attraverso le terre selvagge e misteriose, consapevole che ogni passo lo avvicinava sempre di più alla rivelazione finale, alla verità nascosta nel cuore del mondo.

The Traveler and the Witch

Once upon a time, there was a solitary traveler who wandered the dusty streets of an ancient village in a remote mountainous region. His name was Luca, and he carried on his shoulders a burden of memories and unfulfilled desires. He had deep eyes, which seemed to have seen more than the ordinary, and a heart that longed to discover the hidden meaning of life.

One evening, as the sun set behind the mountain peaks, Luca arrived at the edge of the village and stumbled upon an old hut surrounded by majestic trees. It was the home of a witch, known in the region for her mysterious powers and ancient wisdom.

Luca approached cautiously, feeling a thrill of excitement running down his spine. He knocked on the dark wooden door and waited, his heart pounding with anticipation.

The door opened slowly, and a figure wrapped in a black cloak appeared in the shadow. It was the witch, with gray hair cascading like a cloak around her shoulders and dark eyes that gleamed with a strange light.

"Who are you, traveler?" asked the witch in a calm yet penetrating voice.

"I am Luca, a seeker of truth and meaning," Luca replied proudly. "I have heard of your powers and wisdom, and I have come in search of answers."

The witch scrutinized him for a long moment, as if trying to read his thoughts. Then, with a wave of her hand, she invited him to enter the hut.

Inside, the fire crackled in the fireplace, illuminating the walls covered with mysterious symbols and amulets. The witch invited Luca to sit in front of her, and he did so reluctantly, feeling a mix of fear and curiosity.

"What do you seek, traveler?" asked the witch, the dancing fire reflected in her eyes.

"The truth," Luca replied without hesitation. "The truth about life, about love, about destiny. I want to understand my purpose in this world and find the inner peace that I crave."

The witch nodded slowly, as if understanding the depth of his words. Then, in a low and grave voice, she began to tell an ancient story, a story of magic and intertwined destiny.

"Once upon a time, there was a young shepherd who lived on the hills of this same region," began the witch. "He was a simple boy, but with a deep soul and a kind heart. One day, while grazing his flock, he met a girl with golden hair, a creature as beautiful as she was mysterious."

Luca listened captivated, immersed in the witch's narrative.

"The young shepherd fell madly in love with the girl, and decided to follow her wherever she led him. But destiny had in store for them difficult and dangerous trials, and their path was marked by extraordinary adventures and unexpected tragedies."

The witch continued to tell the story of the young shepherd and the girl with golden hair, weaving legends and prophecies, revealing hidden secrets and truths concealed in the heart of the universe.

And as he listened to the witch's words, Luca felt a strange sense of familiarity, as if that story was somehow linked to his own existence.

"What does this story mean, witch?" asked Luca, his eyes burning with curiosity.

The witch smiled mysteriously and said: "The truth you seek, traveler, cannot be found in tales or prophecies. It is something you must discover within yourself, deep within your being. Only when you have understood the true meaning of love and life can you find the inner peace you so desire."

The witch's words echoed in Luca's mind as he left the hut and returned to the dusty streets of the village. He still had many unanswered questions, but he knew that the journey to truth had only just begun.

And so, with his heart full of hope and determination, Luca continued his journey through the wild and mysterious lands, aware that every step brought him closer to the final revelation, to the truth hidden in the heart of the world.

21

L'Uomo Sull'Oceano

C'era una volta un uomo solitario che viveva in una modesta casa sulle scogliere battute dal vento dell'Oceano Atlantico. Il suo nome era Marco, e passava le sue giornate a scrutare l'orizzonte vasto e infinito, con gli occhi che bruciavano di una luce misteriosa.

Marco non era come gli altri abitanti del piccolo villaggio costiero. Non si mescolava alle folle rumorose del mercato, né partecipava alle feste che animavano le serate d'estate. Viveva nel suo mondo silenzioso, avvolto dal richiamo dell'oceano e dai sussurri del vento.

La gente del villaggio lo considerava strano e distante, ma nessuno osava avvicinarsi troppo. C'era qualcosa in lui che metteva paura, una sorta di aura di mistero e solitudine che lo circondava come un mantello invisibile.

Ma un giorno, una giovane donna arrivò al villaggio, portando con sé una brezza di novità e speranza. Il suo nome era Elena, e i suoi occhi brillavano di una luce vivace e contagiosa.

Elena era diversa da tutte le altre donne che Marco avesse mai incontrato. Era audace e intraprendente, con un sorriso che scioglieva il ghiaccio del cuore più freddo. E quando i suoi occhi incontrarono quelli di Marco, qualcosa si scosse nel profondo della sua anima.

Marco la osservava da lontano, nascosto nell'ombra delle scogliere, con il cuore che batteva all'unisono con il ritmo dell'oceano. Voleva avvicinarsi a lei, condividere con lei i suoi segreti e le sue paure più profonde, ma qualcosa lo tratteneva, come una corrente invisibile che lo trascinava verso il mare aperto.

E così, Marco e Elena si incrociarono giorno dopo giorno, senza mai incontrarsi veramente. Si scrutavano da lontano, come due navi che si passavano nel cuore della notte, ma non riuscivano a raggiungersi mai.

Ma il destino ha un modo strano di giocare con le vite delle persone, e una notte di tempesta, quando le onde infrangevano furiosamente contro le rocce, Marco e Elena si trovarono faccia a faccia per la prima volta.

Elena era rimasta intrappolata sulla scogliera, circondata dalle onde impetuose che minacciavano di inghiottirla. I suoi occhi imploravano aiuto, mentre le sue mani afferravano disperatamente il terreno scivoloso. Marco la vide e, senza esitazione, si gettò in acqua per salvarla. Le sue braccia la raggiunsero appena in tempo, tirandola fuori dall'abisso e portandola al sicuro sulla terraferma.

Elena lo guardò con gratitudine, gli occhi ancora spaventati ma pieni di riconoscenza. E Marco, per la prima volta in tanto tempo, sentì qualcosa risvegliarsi dentro di lui, qualcosa che credeva di aver perduto per sempre.

Da quel momento, Marco e Elena divennero inseparabili. Si ritrovarono sulle scogliere ogni giorno, guardando l'orizzonte insieme e condividendo i loro sogni e le loro speranze più profonde.

E mentre il tempo passava e le stagioni cambiavano, Marco e Elena trovarono il coraggio di aprire i loro cuori l'uno all'altro, scoprendo un amore che superava ogni confine e ogni difficoltà.

E così, sulle rive dell'Oceano Atlantico, tra le onde che cantavano la loro canzone eterna, Marco e Elena trovarono la felicità che avevano sempre cercato, una felicità fatta di silenzi condivisi e sguardi intrecciati, una felicità che avrebbe illuminato il loro cammino per sempre.

The Man on the Ocean

Once upon a time, there was a solitary man who lived in a modest house on the cliffs battered by the winds of the Atlantic Ocean. His name was Marco, and he spent his days gazing at the vast and infinite horizon, with eyes burning with a mysterious light.

Marco was not like the other inhabitants of the small coastal village. He did not mingle with the noisy crowds of the market, nor did he participate in the festivities that enlivened the summer evenings. He lived in his silent world, enveloped by the call of the ocean and the whispers of the wind.

The people of the village considered him strange and distant, but no one dared to get too close. There was something about him that instilled fear, a kind of aura of mystery and solitude that surrounded him like an invisible cloak.

But one day, a young woman arrived at the village, bringing with her a breeze of novelty and hope. Her name was Elena, and her eyes sparkled with a lively and contagious light.

Elena was unlike any other woman Marco had ever met. She was bold and adventurous, with a smile that melted the heart of even the coldest. And when her eyes met Marco's, something stirred deep within his soul.

Marco watched her from afar, hidden in the shadow of the cliffs, his heart beating in unison with the rhythm of the ocean. He wanted to approach her, to share with her his deepest secrets and fears, but something held him back, like an invisible current pulling him towards the open sea.

And so, Marco and Elena crossed paths day after day, without ever truly meeting. They watched each other from a distance, like two ships passing in the night, but they could never reach each other.

But destiny has a strange way of playing with people's lives, and one stormy night, when the waves crashed furiously against the rocks, Marco and Elena found themselves face to face for the first time.

Elena had become trapped on the cliff, surrounded by the raging waves threatening to swallow her. Her eyes pleaded for help, while her hands desperately grasped the slippery ground.

Marco saw her and, without hesitation, he plunged into the water to save her. His arms reached her just in time, pulling her out of the abyss and bringing her safely onto the shore.

Elena looked at him with gratitude, her eyes still frightened but filled with gratitude. And Marco, for the first time in a long time, felt something stir inside him, something he thought he had lost forever.

From that moment on, Marco and Elena became inseparable. They met on the cliffs every day, watching the horizon together and sharing their deepest dreams and hopes.

And as time passed and the seasons changed, Marco and Elena found the courage to open their hearts to each other, discovering a love that surpassed every boundary and every difficulty.

And so, on the shores of the Atlantic Ocean, among the waves singing their eternal song, Marco and Elena found the happiness they had always sought, a happiness made of shared silences and intertwined gazes, a happiness that would light their path forever.

La Scatola delle Stelle

C'era una volta un piccolo paese nascosto tra le montagne, dove le notti erano scure e silenziose, interrotte solo dal lontano canto dei grilli e dal brillare delle stelle nel cielo. In questo paese viveva un vecchio uomo di nome Enrico, noto per la sua straordinaria collezione di stelle.

Enrico era un uomo tranquillo e riservato, con occhi profondi che sembravano riflettere l'infinito dell'universo. Passava le sue giornate rannicchiato nella sua casa, osservando il cielo notturno attraverso il suo telescopio e annotando ogni singola stella che riusciva a individuare.

Ma la sua vera passione era la raccolta di stelle. Enrico aveva dedicato anni della sua vita a raccogliere stelle cadenti, recuperandole dai luoghi più remoti e impensabili. Le conservava con cura in una piccola scatola di legno, catalogandole per dimensione, colore e luminosità.

Ma Enrico non mostrava mai la sua collezione a nessuno. Manteneva la scatola delle stelle nascosta al sicuro nella sua casa, lontano dagli sguardi indiscreti e dalle mani curiose.

Un giorno, mentre Enrico stava osservando il cielo notturno dal suo osservatorio, vide una stella cadente attraversare il cielo con una scia luminosa. Era una stella diversa da tutte le altre che avesse mai visto, con un colore dorato e un bagliore intenso che sembrava bruciare nel buio della notte.

Enrico non esitò un istante. Prese il suo cappotto e il suo cestino e si diresse verso il luogo dove la stella era caduta, determinato a recuperarla e aggiungerla alla sua collezione.

Seguì la scia luminosa della stella, attraversando boschi scuri e torrenti impetuosi, finché finalmente arrivò al luogo dove la stella era caduta.

Ma quello che trovò lo lasciò senza fiato. Non c'era nessuna stella caduta, solo un campo aperto illuminato dalla luce della luna. Enrico cercò ovunque, ma non riuscì a trovare traccia della stella dorata che aveva visto dal suo osservatorio.

Sconfitto e deluso, Enrico si sedette sul terreno freddo e guardò il cielo sopra di lui. Le stelle brillavano sopra di lui come sempre, ma la stella dorata che aveva visto prima era scomparsa nel nulla.

Fu allora che Enrico si rese conto di qualcosa di straordinario. La stella dorata non era caduta sulla terra, ma era apparsa nel suo cuore, risvegliando un desiderio nascosto che aveva sempre ignorato.

Decise allora di tornare a casa, con il cuore leggero e gli occhi pieni di speranza. Aprì la sua scatola delle stelle e guardò le stelle che aveva raccolto nel corso degli anni. Erano splendide e uniche, ognuna con la sua storia e il suo significato.

Ma c'era un posto vuoto nella sua collezione, un posto che aspettava solo la stella dorata che aveva visto quella notte. E così, Enrico prese un pezzo di carta e una penna e scrisse una lettera alla stella, chiedendole di brillare nel suo cielo una volta di più.

E mentre scriveva, una luce dorata illuminò la stanza, e Enrico sapeva che la sua preghiera era stata esaudita. La stella dorata brillava nel cielo sopra di lui, una luce calda e rassicurante che gli ricordava che i desideri più profondi possono diventare realtà, se solo si ha il coraggio di credere.

The Box of Stars

Once upon a time, there was a small village hidden among the mountains, where nights were dark and silent, interrupted only by the distant chirping of crickets and the shining of the stars in the sky. In this village lived an old man named Enrico, known for his extraordinary collection of stars.

Enrico was a quiet and reserved man, with deep eyes that seemed to reflect the infinity of the universe. He spent his days huddled in his house, observing the night sky through his telescope and jotting down every single star he managed to spot.

But his true passion was collecting stars. Enrico had dedicated years of his life to gathering shooting stars, retrieving them from the most remote and unthinkable places. He kept them carefully in a small wooden box, cataloging them by size, color, and brightness.

But Enrico never showed his collection to anyone. He kept the box of stars hidden safely in his house, away from prying eyes and curious hands.

One day, while Enrico was observing the night sky from his observatory, he saw a shooting star streak across the sky with a luminous trail. It was a star unlike any other he had ever seen, with a golden color and an intense glow that seemed to burn in the darkness of the night.

Enrico didn't hesitate for a moment. He grabbed his coat and his basket and headed towards the place where the star had fallen, determined to retrieve it and add it to his collection.

He followed the luminous trail of the star, crossing dark forests and rushing streams, until he finally reached the place where the star had fallen.

But what he found left him breathless. There was no shooting star, just an open field illuminated by the moonlight. Enrico searched everywhere, but he couldn't find a trace of the golden star he had seen from his observatory.

Defeated and disappointed, Enrico sat down on the cold ground and looked up at the sky above him. The stars shone above him as always, but the golden star he had seen before had disappeared into nothingness.

It was then that Enrico realized something extraordinary. The golden star had not fallen to the earth, but had appeared in his heart, awakening a hidden desire that he had always ignored.

He decided then to return home, with a light heart and eyes full of hope. He opened his box of stars and looked at the stars he had collected over the years. They were beautiful and unique, each with its own story and meaning.

But there was an empty space in his collection, a space that was waiting only for the golden star he had seen that night. And so, Enrico took a piece of paper and a pen and wrote a letter to the star, asking it to shine in his sky once more.

And as he wrote, a golden light illuminated the room, and Enrico knew that his prayer had been answered. The golden star shone in the sky above him, a warm and reassuring light that reminded him that the deepest desires can come true, if only one has the courage to believe.

Un Incontro Casuale

Era una calda giornata d'estate quando Marco si ritrovò a passeggiare lungo il lungomare di una città costiera. Il sole splendeva alto nel cielo, riflettendosi sulle acque blu del mare e illuminando il suo viso di una luce dorata.

Leonardo era un uomo tranquillo e riservato, con un amore per la solitudine e la contemplazione. Amava passeggiare lungo la spiaggia, lasciando che il suono delle onde lo cullasse e lo portasse via dal trambusto della vita quotidiana.

Ma quella giornata sarebbe stata diversa dalle altre. Mentre camminava lungo la sabbia dorata, i suoi occhi si posarono su una figura solitaria seduta su una roccia, guardando l'orizzonte con uno sguardo assorto.

Era una donna dai capelli corvini e dagli occhi scuri, con un'aria di tristezza che sembrava avvolgerla come un mantello invisibile. Leonardo non poteva distogliere lo sguardo da lei, attratto dalla sua bellezza malinconica e dal mistero che la circondava.

Decise di avvicinarsi con cautela, sentendo il cuore battere forte nel petto. Si sedette accanto a lei, senza dire una parola, e lasciò che il suono del mare riempisse il silenzio tra di loro.

La donna lo guardò con sorpresa, i suoi occhi scuri brillavano di una luce flebile. "Ciao," disse Leonardo, con voce calma e gentile. "Posso sedermi qui con te?"

La donna annuì lentamente, un sorriso triste giocava sulle sue labbra. "Certo," rispose, la sua voce morbida come una carezza di brezza marina.

E così, senza dire una parola di più, Leonardo e la donna rimasero seduti sulla roccia, guardando l'orizzonte insieme. Il sole scendeva lentamente verso l'orizzonte, tingendo il cielo di sfumature dorate e rosse mentre la notte si avvicinava.

Leonardo non sapeva cosa dire, ma non gli importava. Si sentiva in pace accanto a quella donna misteriosa, come se avesse trovato finalmente un'anima gemella nel caos del mondo.

La donna si chiamava Elena, e raccontò a Leonardo della sua vita travagliata e dei sogni che aveva lasciato dietro di sé. Era una donna coraggiosa e determinata, con un cuore che aveva conosciuto il dolore ma non aveva perso la speranza.

E Leonardo, a sua volta, aprì il suo cuore alla donna, raccontandole dei suoi desideri e delle sue paure più profonde. Era un uomo solitario, ma in quel momento si sentiva più vicino a qualcuno di quanto avesse mai provato prima.

Le ore passarono in un soffio, e quando finalmente il sole scomparve dietro l'orizzonte, Leonardo e Beatrice si guardarono negli occhi con una luce nuova negli occhi.

"Grazie," disse Beatrice, la sua voce era un sussurro nel vento. "Grazie per avermi tenuto compagnia, anche solo per un momento."

Leonardo sorrise, sentendo il calore del suo sorriso avvolgerlo come una coperta. "Grazie a te," rispose, con una nota di gratitudine nella voce. "Grazie per avermi fatto sentire meno solo."

E così, con un abbraccio fugace e uno sguardo d'addio, Leonardo e Beatrice si separarono, ciascuno tornando alla propria vita. Ma quella giornata rimase impressa nei loro cuori, come un incontro casuale che aveva cambiato il corso delle loro vite per sempre.

A Chance Encounter

It was a warm summer day when Leonardo found himself strolling along the promenade of a coastal city. The sun was high in the sky, reflecting on the blue waters of the sea and illuminating his face with a golden light.

Leonardo was a quiet and reserved man, with a love for solitude and contemplation. He enjoyed walking along the beach, letting the sound of the waves lull him and take him away from the hustle and bustle of everyday life.

But that day would be different from the others. As he walked along the golden sand, his eyes fell upon a solitary figure sitting on a rock, gazing at the horizon with a distant look.

She was a woman with raven hair and dark eyes, with an air of sadness that seemed to envelop her like an invisible cloak. Leonardo couldn't take his eyes off her, drawn to her melancholic beauty and the mystery that surrounded her.

He decided to approach her cautiously, feeling his heart beat fast in his chest. He sat down beside her without saying a word and let the sound of the sea fill the silence between them.

The woman looked at him with surprise, her dark eyes shining with a faint light. "Hello," said Leonardo, in a calm and gentle voice. "May I sit here with you?"

The woman nodded slowly, a sad smile playing on her lips. "Of course," she replied, her voice as soft as a sea breeze.

And so, without saying another word, Leonardo and the woman sat on the rock, watching the horizon together. The sun slowly descended towards the horizon, painting the sky with golden and red hues as night approached.

Leonardo didn't know what to say, but he didn't care. He felt at peace beside that mysterious woman, as if he had finally found a kindred spirit in the chaos of the world.

The woman's name was Beatrice, and she told Leonardo about her troubled life and the dreams she had left behind. She was a brave and determined woman, with a heart that had known pain but had not lost hope.

And Leonardo, in turn, opened his heart to the woman, telling her about his deepest desires and fears. He was a lonely man, but in that moment he felt closer to someone than he had ever felt before.

The hours passed in a blur, and when the sun finally disappeared behind the horizon, Leonardo and Beatrice looked into each other's eyes with a newfound light.

"Thank you," said Beatrice, her voice a whisper in the wind. "Thank you for keeping me company, even if only for a moment."

Leonardo smiled, feeling the warmth of her smile envelop him like a blanket. "Thank you," he replied, with a note of gratitude in his voice. "Thank you for making me feel less alone."

And so, with a fleeting embrace and a farewell glance, Leonardo and Beatrice parted ways, each returning to their own lives. But that day remained imprinted in their hearts, like a chance encounter that had changed the course of their lives forever.

La Notte delle Anime Perdute

Nel cuore della città, tra le ombre oscure dei palazzi antichi e i riflessi dorati delle luci al neon, si svolgeva una danza silenziosa tra le anime perdute della notte. Le strade erano piene di rumori e sussurri, mentre le persone vagavano senza meta tra i vicoli tortuosi e le piazze deserte.

In mezzo a tutto questo, c'era una donna solitaria di nome Sofia, che vagava senza meta tra le strade oscure in cerca di qualcosa che non sapeva definire. I suoi occhi erano velati di tristezza e rimpianto, e il suo cuore pesava come una pietra nel petto.

Sofia era una donna tormentata dai fantasmi del passato, dalle scelte sbagliate e dai rimpianti eterni che la perseguitavano anche nei sogni. Non sapeva più chi era o cosa cercava, ma sapeva solo che non poteva continuare a vivere in quel limbo di dolore e solitudine.

Una notte, mentre camminava lungo le strade deserte della città, Sofia si imbatté in un uomo misterioso che le offrì la mano con un sorriso enigmatico. Era un uomo vestito di nero, con occhi che bruciavano di una luce antica e una voce che riecheggiava nel buio della notte.

L'uomo si presentò come il signor Dario, un custode delle anime perdute che vagavano nel limbo tra la vita e la morte. Disse a Sofia che aveva sentito il suo grido di dolore e disperazione e che era venuto a offrirle una via di fuga dalla sua prigione di dolore e rimpianto.

Intrigata dalle sue parole, Sofia accettò l'offerta del signor Dario e si lasciò trasportare dalle sue parole nella notte oscura. Attraversarono vicoli bui e cortili dimenticati, finché finalmente arrivarono a una porta nascosta dietro un muro di edera.

Il signor Dario aprì la porta con un gesto elegante e invitò Sofia a entrare in un mondo di oscurità e luce, di dolore e speranza. Era un mondo sospeso tra la vita e la morte, dove le anime perdute trovavano riposo e redenzione.

Sofia si trovò immersa in un vortice di emozioni e sensazioni, mentre il signor Dario le mostrava i segreti nascosti di quel luogo misterioso. Vide anime tormentate che cercavano la redenzione e anime luminose che brillavano di una luce divina, e sentì il peso del suo dolore scivolare via come foglie portate via dal vento.

Ma mentre esplorava quel mondo di meraviglie e terrore, Sofia si rese conto che c'era un prezzo da pagare per la sua liberazione. Doveva lasciare il suo passato dietro di sé e abbracciare il futuro con tutte le sue incertezze e paure.

Con il cuore pesante, Sofia prese la mano del signor Dario e accettò il suo destino. Attraversò la porta verso l'ignoto, lasciandosi alle spalle il suo dolore e i suoi rimpianti, pronta a affrontare il futuro con coraggio e speranza.

E così, mentre la notte si dissolveva nell'alba di un nuovo giorno, Sofia si aprì alla possibilità di una nuova vita, guidata dalla luce della speranza e dall'amore che aveva trovato nel cuore delle tenebre.

The Night of Lost Souls

In the heart of the city, amidst the dark shadows of ancient buildings and the golden reflections of neon lights, there was a silent dance among the lost souls of the night. The streets were filled with noises and whispers, while people wandered aimlessly through the winding alleys and deserted squares.

In the midst of all this, there was a lonely woman named Sofia, who wandered aimlessly through the dark streets in search of something she couldn't define. Her eyes were veiled with sadness and regret, and her heart weighed like a stone in her chest.

Sofia was a woman tormented by the ghosts of the past, by wrong choices, and eternal regrets that haunted her even in her dreams. She no longer knew who she was or what she was looking for, but she only knew that she could not continue to live in that limbo of pain and solitude.

One night, as she walked along the deserted streets of the city, Sofia came across a mysterious man who offered her his hand with an enigmatic smile. He was a man dressed in black, with eyes burning with an ancient light and a voice echoing in the darkness of the night.

The man introduced himself as Mr. Dario, a guardian of lost souls wandering in the limbo between life and death. He told Sofia that he had heard her cry of pain and despair and that he had come to offer her a way out of her prison of pain and regret.

Intrigued by his words, Sofia accepted Mr. Dario's offer and let herself be carried away by his words into the dark night. They crossed dark alleys and forgotten courtyards until they finally arrived at a door hidden behind a wall of ivy.

Mr. Dario opened the door with a graceful gesture and invited Sofia to enter a world of darkness and light, of pain and hope. It was a world suspended between life and death, where lost souls found rest and redemption.

Sofia found herself immersed in a whirlwind of emotions and sensations as Mr. Dario showed her the hidden secrets of that mysterious place. She saw tormented souls seeking redemption and luminous souls shining with a divine light, and she felt the weight of her pain slipping away like leaves carried away by the wind.

But as she explored that world of wonders and terror, Sofia realized that there was a price to pay for her liberation. She had to leave her past behind and embrace the future with all its uncertainties and fears.

With a heavy heart, Sofia took Mr. Dario's hand and accepted her fate. She crossed the door into the unknown, leaving her pain and regrets behind, ready to face the future with courage and hope.

And so, as the night dissolved into the dawn of a new day, Sofia opened herself to the possibility of a new life, guided by the light of hope and the love she had found in the heart of darkness.

La Signora Della Luna

Era una notte di luna piena quando la signora Isabella decise di lasciarsi trasportare dalla magia della notte. Seduta sul balcone della sua casa, guardava la luna splendere nel cielo notturno, illuminando il mondo con la sua luce argentea.

Isabella era una donna dallo spirito libero, con capelli lunghi e scuri che cadevano morbidi sulle spalle. Amava la tranquillità delle notti stellate, quando il mondo sembrava sospeso in un limbo di silenzio e contemplazione.

Mentre osservava la luna, Isabella sentì un richiamo antico risuonare nel suo cuore. Era come se la luna stessa la chiamasse, invitandola a esplorare mondi nascosti e segreti dimenticati.

Senza esitazione, Isabella si alzò dalla sua sedia e uscì nel cortile dietro casa. L'aria fresca della notte le accarezzava il viso mentre si incamminava lungo il sentiero di pietra, seguendo il richiamo della luna verso l'ignoto.

Presto si trovò immersa in un bosco antico e misterioso, dove gli alberi si protendevano verso il cielo come guardiani silenziosi dei segreti del mondo. La luce della luna filtrava tra le fronde degli alberi, creando un'atmosfera incantata che avvolgeva Isabella come un abbraccio.

Camminò a lungo, lasciandosi guidare dalla luce della luna attraverso sentieri tortuosi e radure segrete. Ogni passo la portava sempre più in profondità nel cuore del bosco, fino a quando finalmente arrivò a una radura aperta illuminata dalla luce argentea della luna.

Al centro della radura c'era una figura avvolta in un manto di luce, con lunghi capelli argentati che brillavano sotto la luna piena. Era la signora della Luna, la custode dei segreti dell'universo, e Isabella sapeva che era venuta a trovarla per una ragione.

La signora della Luna sorrise a Isabella con occhi che brillavano di una luce antica e saggia. "Benvenuta, Isabella," disse con voce dolce e carezzevole. "Sono lieta che tu abbia risposto al mio richiamo. Ho qualcosa di importante da dirti."

Isabella si avvicinò con timore e reverenza, sentendo il cuore battere forte nel petto. "Che cosa volete dirmi, signora della Luna?" chiese con voce tremante.

La signora della Luna prese la mano di Isabella e la guardò negli occhi con uno sguardo penetrante. "Devi seguire il tuo cuore, Isabella," disse con voce calma e sicura. "Devi abbracciare la tua vera natura e lasciarti guidare dalla luce della tua anima."

Isabella annuì lentamente, sentendo il peso delle parole della signora della Luna. Sapeva che doveva fare scelte difficili e abbracciare il cambiamento con coraggio e determinazione.

Con un sorriso rassicurante, la signora della Luna abbracciò Isabella e le sussurrò parole di saggezza e consolazione. Poi, con un gesto elegante, scomparve nella luce della luna, lasciando Isabella sola nella radura incantata.

Isabella si sentì rinata, come se avesse finalmente trovato il coraggio di affrontare il futuro con speranza e fiducia. Con la luce della luna come guida, tornò lentamente a casa, pronta ad abbracciare il suo destino con tutto il suo cuore e la sua anima.

E così, mentre la luna splendeva nel cielo notturno, Isabella si preparava a intraprendere il viaggio più grande della sua vita, guidata dalla saggezza della signora della Luna e dalla luce della sua anima.

The Lady of the Moon

It was a full moon night when Mrs. Isabella decided to let herself be carried away by the magic of the night. Sitting on the balcony of her house, she watched the moon shine in the night sky, illuminating the world with its silvery light.

Isabella was a woman with a free spirit, with long, dark hair that fell softly on her shoulders. She loved the tranquility of starry nights, when the world seemed suspended in a limbo of silence and contemplation.

As she gazed at the moon, Isabella felt an ancient call echoing in her heart. It was as if the moon itself was calling her, inviting her to explore hidden worlds and forgotten secrets.

Without hesitation, Isabella rose from her chair and walked out into the courtyard behind her house. The cool night air brushed her face as she walked along the stone path, following the call of the moon into the unknown.

Soon she found herself immersed in an ancient and mysterious forest, where the trees reached towards the sky like silent guardians of the secrets of the world. The moonlight filtered through the branches of the trees, creating an enchanted atmosphere that enveloped Isabella like a hug.

She walked for a long time, letting herself be guided by the moonlight through winding paths and secret clearings. Every step took her deeper into the heart of the forest, until she finally arrived at an open clearing illuminated by the silver light of the moon.

At the center of the clearing stood a figure wrapped in a cloak of light, with long silver hair that shone under the full moon. It was the Lady of the Moon, the guardian of the secrets of the universe, and Isabella knew that she had come to visit her for a reason.

The Lady of the Moon smiled at Isabella with eyes that sparkled with ancient and wise light. "Welcome, Isabella," she said in a sweet and gentle voice. "I am glad you have answered my call. I have something important to tell you."

Isabella approached with fear and reverence, feeling her heart beat fast in her chest. "What do you want to tell me, Lady of the Moon?" she asked with a trembling voice.

The Lady of the Moon took Isabella's hand and looked into her eyes with a penetrating gaze. "You must follow your heart, Isabella," she said in a calm and confident voice. "You must embrace your true nature and let yourself be guided by the light of your soul."

Isabella nodded slowly, feeling the weight of the Lady of the Moon's words. She knew she had to make difficult choices and embrace change with courage and determination.

With a reassuring smile, the Lady of the Moon embraced Isabella and whispered words of wisdom and comfort to her. Then, with an elegant gesture, she disappeared into the moonlight, leaving Isabella alone in the enchanted clearing.

Isabella felt reborn, as if she had finally found the courage to face the future with hope and confidence. With the light of the moon as her guide, she slowly made her way back home, ready to embrace her destiny with all her heart and soul.

And so, as the moon shone in the night sky, Isabella prepared to embark on the greatest journey of her life, guided by the wisdom of the Lady of the Moon and the light of her soul.

Il Gusto della Vita

Nel caffè più alla moda di Roma, tra il vociare degli avventori e il profumo di caffè appena tostato, c'era una donna dallo sguardo vivace di nome Sofia. Era una scrittrice di successo, con un talento innato per catturare le emozioni e trasformarle in parole che danzavano sulle pagine dei suoi libri.

Sofia amava osservare la vita che si svolgeva intorno a lei, cogliendo ogni piccolo dettaglio e trasformandolo in arte. Era una romantica incallita, sempre in cerca di nuove storie da raccontare e nuovi sapori da assaporare.

Una calda mattina d'estate, mentre si trovava al caffè, Sofia incontrò un uomo affascinante di nome Matteo. Era uno chef di talento, con un sorriso accattivante e un modo di parlare che faceva battere il cuore di Sofia più forte del solito.

I due si ritrovarono a parlare di cucina e di letteratura, scoprendo di avere molte passioni in comune. Matteo raccontò a Sofia dei suoi viaggi in giro per il mondo, assaggiando piatti esotici e scoprendo nuove culture, mentre Sofia condivise con lui le sue esperienze di scrittrice e le sue idee per nuovi romanzi.

Da quel giorno in poi, Sofia e Matteo si incontrarono regolarmente al caffè, condividendo risate e confidenze e scoprendo sempre di più l'uno dell'altro. Era come se insieme potessero assaporare il gusto della vita in modo più intenso, cogliendo ogni piccolo momento di felicità e trasformandolo in ricordi preziosi.

Ma un giorno, mentre passeggiavano per le strade di Roma, Sofia e Matteo si imbatterono in una libreria antiquaria che sembrava uscita da un libro di fiabe. Era un luogo magico, pieno di vecchi libri e manoscritti rari, che emanava un'atmosfera di mistero e incanto.

Sofia e Matteo entrarono nella libreria con curiosità, esplorando gli scaffali polverosi e scoprendo tesori nascosti tra le pagine ingiallite. Fu durante questa esplorazione che trovarono un vecchio libro di ricette, scritto a mano e riccamente decorato.

Incuriositi, Sofia e Matteo iniziarono a leggere il libro, scoprendo antiche ricette di cucina e segreti culinari tramandati di generazione in generazione. Era come se il libro fosse un ponte tra il passato e il presente, un modo per assaporare il gusto della vita in un'epoca lontana.

Decisero di provare a cucinare una delle ricette del libro insieme, un piatto tradizionale romano che portava con sé una storia di amore e passione. Mentre preparavano il piatto, riso in camicia con zafferano e bottarga, sentivano il profumo dei sapori che si diffondeva in cucina, avvolgendoli in un abbraccio caldo e accogliente.

Quando finalmente assaggiarono il piatto, Sofia e Matteo si guardarono negli occhi con un sorriso complice. Era come se quel momento fosse stato creato apposta per loro.

E così, tra libri antichi e ricette tradizionali, Sofia e Matteo continuarono il loro viaggio attraverso il gusto della vita, sapendo che insieme avrebbero potuto affrontare qualsiasi sfida e assaporare ogni momento con gioia e gratitudine. Perché alla fine, quello che contava davvero non erano le avventure straordinarie o i piatti prelibati, ma il legame speciale che li univa e il gusto della vita che assaporavano insieme, giorno dopo giorno.

The Taste of Life

In the trendiest café in Rome, amidst the chatter of patrons and the scent of freshly roasted coffee, there was a woman with a lively gaze named Sofia. She was a successful writer, with a natural talent for capturing emotions and transforming them into words that danced on the pages of her books.

Sofia loved observing life unfolding around her, seizing every little detail and turning it into art. She was a hopeless romantic, always in search of new stories to tell and new flavors to savor.

One warm summer morning, while at the café, Sofia met a charming man named Matteo. He was a talented chef, with a captivating smile and a way of speaking that made Sofia's heart beat faster than usual.

The two found themselves talking about cooking and literature, discovering they shared many passions. Matteo told Sofia about his travels around the world, tasting exotic dishes and discovering new cultures, while Sofia shared with him her experiences as a writer and her ideas for new novels.

From that day on, Sofia and Matteo regularly met at the café, sharing laughter and confidences and discovering more and more about each other. It was as if together they could taste the flavor of life more intensely, seizing every little moment of happiness and turning it into precious memories.

But one day, while strolling through the streets of Rome, Sofia and Matteo stumbled upon an antiquarian bookstore that seemed to have sprung from a fairy tale. It was a magical place, full of old books and rare manuscripts, emanating an atmosphere of mystery and enchantment.

Sofia and Matteo entered the bookstore with curiosity, exploring the dusty shelves and discovering hidden treasures among the yellowed pages. It was during this exploration that they found an old recipe book, handwritten and richly decorated.

Intrigued, Sofia and Matteo began to read the book, discovering ancient cooking recipes and culinary secrets passed down from generation to generation. It was as if the book was a bridge between the past and the present, a way to taste the flavor of life in a distant era.

They decided to try cooking one of the recipes from the book together, a traditional Roman dish that carried with it a story of love and passion. As they prepared the dish, saffron risotto with bottarga, they smelled the flavors spreading in the kitchen, enveloping them in a warm and welcoming embrace.

When they finally tasted the dish, Sofia and Matteo looked into each other's eyes with a knowing smile. It was as if that moment had been created just for them.

And so, amidst ancient books and traditional recipes, Sofia and Matteo continued their journey through the taste of life, knowing that together they could face any challenge and savor every moment with joy and gratitude. Because in the end, what really mattered were not the extraordinary adventures or the exquisite dishes, but the special bond that united them and the taste of life they savored together, day after day.

L'Elefante Solitario

Nelle vaste pianure dell'Africa, dove il sole batte implacabile e il vento solleva la polvere dorata, c'era un elefante solitario di nome Tembo. Era un gigante maestoso, con le zanne imponenti e gli occhi che riflettevano la saggezza dei secoli.

Tembo aveva vagato per le pianure per anni, solitario e libero, senza legami né vincoli. Aveva visto la vita sbocciare e morire intorno a lui, ma era sempre rimasto fedele alla sua natura selvaggia e indomita.

Un giorno, mentre attraversava la savana, Tembo incontrò un gruppo di cacciatori che lo inseguivano con ferocia nei loro occhi. Erano determinati a catturare l'elefante e portarlo via per venderlo al circo, dove sarebbe stato costretto a vivere in una gabbia per il resto dei suoi giorni.

Tembo sapeva di dover lottare per la sua libertà, così si preparò per lo scontro imminente. Con le orecchie spiegate e lo sguardo fiero, si lanciò contro i cacciatori con un fragore assordante, scacciandoli lontano.

Ma nonostante la sua forza e il suo coraggio, Tembo si trovò presto circondato da una moltitudine di cacciatori determinati a catturarlo. Era una lotta disperata, una battaglia per la libertà e per la vita stessa, e Tembo sapeva che doveva fare tutto il possibile per resistere.

Mentre la battaglia infuravava intorno a lui, Tembo fu colpito da una freccia avvelenata che lo fece barcollare e cadere a terra. Era debilitato e ferito, ma la sua volontà di resistere non si spegneva mai. Con un ultimo sforzo, si rialzò sulle zampe e lanciò un grido di sfida che riecheggiò attraverso le pianure, annunciando la sua determinazione a non arrendersi mai.

Ma nonostante il suo coraggio e la sua resistenza, Tembo fu sopraffatto dal numero schiacciante dei cacciatori e alla fine fu costretto a cedere. Con un senso di tristezza e rassegnazione, Tembo fu condotto via dai suoi aggressori e portato via dalla sua amata terra natia.

E così, mentre il sole tramontava lentamente all'orizzonte e la notte
scendeva sulla terra, Tembo sollevò la testa e emise un ultimo grido di
sfida verso il cielo stellato. Era un grido di speranza e di resistenza, un
tributo alla sua indomabile forza interiore che mai sarebbe stata spezzata,
neanche dalle catene della prigionia.

The Lonely Elephant

In the vast plains of Africa, where the sun beat down relentlessly and the wind stirred up golden dust, there was a solitary elephant named Tembo. He was a majestic giant, with imposing tusks and eyes that reflected the wisdom of the ages.

Tembo had roamed the plains for years, solitary and free, without ties or constraints. He had seen life bloom and die around him, but he had always remained faithful to his wild and untamed nature.

One day, as he crossed the savanna, Tembo encountered a group of hunters with ferocity in their eyes. They were determined to capture the elephant and take him away to sell to the circus, where he would be forced to live in a cage for the rest of his days.

Tembo knew he had to fight for his freedom, so he prepared for the imminent confrontation. With his ears spread and a proud gaze, he charged at the hunters with a deafening roar, driving them away.

But despite his strength and courage, Tembo soon found himself surrounded by a multitude of hunters determined to capture him. It was a desperate struggle, a battle for freedom and life itself, and Tembo knew he had to do everything possible to resist.

As the battle raged around him, Tembo was struck by a poisoned arrow that made him stagger and fall to the ground. He was weakened and wounded, but his will to resist never wavered. With one last effort, he rose to his feet and let out a defiant cry that echoed across the plains, announcing his determination to never give up.

But despite his courage and resistance, Tembo was overwhelmed by the overwhelming number of hunters and was ultimately forced to surrender. With a sense of sadness and resignation, Tembo was led away by his attackers and taken from his beloved homeland.

And so, as the sun slowly set on the horizon and night fell on the land, Tembo lifted his head and let out one last cry of defiance to the starry sky. It was a cry of hope and resistance, a tribute to his indomitable inner strength that would never be broken, even by the chains of captivity.

Febbre Notturna

Era una notte di febbraio. Le strade si tinsero di un riflesso dorato mentre il calore avvolgeva gli edifici come una coperta di seta. Il sole, forse preso da una sfolgorante passione per la notte, si era deciso a ballare tra le stelle, lasciando dietro di sé una scia di ardente luce. Era come se la città stessa fosse stata catturata da un incantesimo, un incantesimo di febbre notturna.

Nel cuore di questa notte febbrile, c'era un uomo di nome Giovanni. Giovanni non era il tipo di persona che si lasciava facilmente coinvolgere dalle stranezze della vita, ma quella notte la febbre lo aveva contagiato. Si trovava seduto al tavolo di un caffè, una tazza di caffè fumante tra le mani, mentre osservava il mondo intorno a lui danzare al ritmo di una musica invisibile.

Le persone che lo circondavano sembravano trasformate. Le loro voci erano più vive, i loro sorrisi più luminosi. Perfino le strade sembravano vibrare di una magia misteriosa, come se ogni pietra raccontasse una storia d'amore nascosta.

Giovanni si sentiva come un estraneo in questa nuova realtà. Tutto sembrava così diverso, così affascinante. Eppure, nel profondo del suo cuore, sapeva che quella febbre notturna non era semplicemente un capriccio della natura. C'era qualcosa di più, qualcosa di magico nell'aria. Decise di lasciarsi trascinare dalla corrente, di immergersi completamente in quella notte febbrile. Si alzò dal tavolo del caffè e iniziò a camminare per le strade illuminate, lasciandosi guidare dall'istinto e dalla curiosità.

Passeggiò tra le vie della città, osservando con occhi nuovi ogni dettaglio. Le facciate dei palazzi sembravano raccontare antiche storie di amore e passione, mentre le piazze erano animate da artisti di strada che danzavano al suono di musiche misteriose.

Fu allora che incontrò lei, una donna avvolta in un mantello di stelle. I suoi occhi brillavano di un bagliore magico, e il suo sorriso era come un invito a perdersi nei labirinti della notte. Giovanni non sapeva chi fosse o da dove venisse, ma in quel momento non importava. Si sentiva attratto da lei in modo irresistibile, come una falena attratta dalla luce della luna. Senza dire una parola, si presero per mano e iniziarono a danzare sotto il cielo stellato. La musica dei loro passi si unì al canto del vento e al sussurro delle foglie, creando un'armonia perfetta che sembrava sospesa nel tempo.

Per tutta la notte, Giovanni e la donna danzarono tra le strade deserte, lasciandosi trasportare dalla magia della febbre notturna. Non c'era bisogno di parole, perché i loro cuori battevano all'unisono, come due note perfette in una melodia eterna.

Quando alla fine l'alba tingeva il cielo di rosa e oro, Giovanni si svegliò da quel sogno incantato. Guardò intorno a sé, ma la donna era scomparsa, come un'ombra svanita con la luce del giorno. Tuttavia, il ricordo di quella notte rimase vivo dentro di lui, come una fiamma che non si sarebbe mai spenta.

Da quel giorno in poi, Giovanni non fu più lo stesso. La febbre notturna aveva lasciato un'impronta indelebile nel suo cuore, trasformando la sua vita in un'infinita danza sotto le stelle.

Night Fever

It was a February night. The streets were tinged with a golden glow as heat enveloped the buildings like a silk blanket. The sun, perhaps taken by a dazzling passion for the night, decided to dance among the stars, leaving behind a trail of blazing light. It was as if the city itself had been captured by a spell, a spell of night fever.

In the heart of this feverish night, there was a man named Giovanni. Giovanni was not the type of person who easily succumbed to life's oddities, but that night the fever had infected him. He sat at a café table, a steaming cup of coffee in his hands, watching the world around him dance to an invisible tune.

The people around him seemed transformed. Their voices were livelier, their smiles brighter. Even the streets seemed to vibrate with a mysterious magic, as if every stone told a hidden love story.

Giovanni felt like a stranger in this new reality. Everything seemed so different, so fascinating. Yet, deep in his heart, he knew that this night fever was not simply a whim of nature. There was something more, something magical in the air.

He decided to go with the flow, to immerse himself completely in that feverish night. He rose from the café table and began to walk the illuminated streets, letting himself be guided by instinct and curiosity.

He strolled through the city's streets, observing every detail with new eyes. The facades of the buildings seemed to tell ancient stories of love and passion, while the squares were alive with street artists dancing to mysterious music.

It was then that he met her, a woman wrapped in a cloak of stars. Her eyes sparkled with a magical glow, and her smile was like an invitation to get lost in the labyrinths of the night. Giovanni didn't know who she was or where she came from, but in that moment it didn't matter. He felt irresistibly drawn to her, like a moth drawn to the moonlight.

Without a word, they took each other's hand and began to dance under the starry sky. The music of their steps merged with the wind's song and the whisper of the leaves, creating a perfect harmony that seemed suspended in time.

Throughout the night, Giovanni and the woman danced through the deserted streets, carried away by the magic of the night fever. There was no need for words, because their hearts beat as one, like two perfect notes in an eternal melody.

When dawn finally tinged the sky with pink and gold, Giovanni woke from that enchanted dream. He looked around, but the woman was gone, like a shadow vanished with the light of day. However, the memory of that night remained alive inside him, like a flame that would never be extinguished.

From that day on, Giovanni was never the same. The night fever had left an indelible mark on his heart, transforming his life into an endless dance under the stars.

Gatti sul Tetto

Sul tetto di una vecchia casa diroccata, tra le tegole logore e le piante rampicanti, vivevano due gatti dal pelo folto e gli occhi di ambra: Romeo e Giulietta. Non erano solo due gatti qualunque, ma creature misteriose e affascinanti, con una storia d'amore che faceva palpitare il cuore di chiunque ascoltasse il loro racconto.

Romeo era un gatto nero, elegante e fiero, con una coda lunga e fluente che sembrava danzare al ritmo del vento. Giulietta, invece, era una gatta bianca con macchie grigie sul pelo morbido, dagli occhi dolci e curiosi che scrutavano il mondo con meraviglia.

I due gatti si erano incontrati per caso, una calda estate quando il sole batteva forte sul tetto di tegole roventi. Romeo si era arrampicato lì in cerca di avventura, mentre Giulietta si era rifugiata tra i fiori del giardino in cerca di riparo dal caldo torrido. Fu un colpo di fulmine istantaneo, un'attrazione magnetica che li unì per sempre.

Da allora, Romeo e Giulietta vivevano sul tetto insieme, condividendo ogni momento della loro vita. Si alzavano all'alba per osservare il sorgere del sole, si rilassavano al chiaro di luna sotto il manto stellato, e passavano le notti a cacciare topi e giocare tra le ombre del tetto.

Ma non tutto era sempre stato così idilliaco per i due gatti. La vecchia casa diroccata dove vivevano era stata abbandonata da anni, e il tetto inizia a cedere sotto il peso degli anni e delle intemperie. Le tegole si sgretolavano, le travi marcivano, e il pericolo di crolli era sempre in agguato.

Un giorno, mentre Romeo e Giulietta riposavano sotto il sole cocente, sentirono un rumore assordante provenire dal tetto. Un pezzo di tegola si staccò improvvisamente, mandando detriti e polvere nell'aria. I due gatti si rifugiarono nel punto più sicuro che riuscirono a trovare, ma il pericolo era ben presente.

Decisero di chiamare a raccolta gli altri animali del quartiere per cercare una soluzione. Riunirono i piccioni del vicino tetto, i topi del giardino e persino un cagnolino randagio che passava di lì. Insieme, discussero di come potessero rafforzare il tetto e proteggere la loro casa.

Dopo lunghe discussioni e molti tentativi falliti, trovarono una soluzione. Decisero di chiedere aiuto agli umani del quartiere, raccontando loro la loro situazione e supplicandoli di intervenire prima che fosse troppo tardi.

Gli umani, colpiti dalla determinazione e dal coraggio degli animali, accettarono di aiutarli.

Settimane di lavoro duro seguirono, ma alla fine il tetto fu rafforzato e reso sicuro per gli animali che vi abitavano. Romeo e Giulietta osservavano con gratitudine mentre gli umani sistemavano le tegole e rinnovavano le travi marcite.

Con il tetto riparato e reso sicuro, Romeo e Giulietta poterono continuare a vivere le loro vite felici e spensierate sul tetto.

Cats on the Roof

On the roof of an old dilapidated house, among the worn-out tiles and creeping plants, lived two cats with thick fur and amber eyes: Romeo and Juliet. They were not just ordinary cats, but mysterious and fascinating creatures, with a love story that made anyone who heard their tale's heart flutter.

Romeo was a black cat, elegant and proud, with a long and flowing tail that seemed to dance to the rhythm of the wind. Juliet, on the other hand, was a white cat with gray spots on her soft fur, with sweet and curious eyes that gazed at the world with wonder.

The two cats had met by chance, one hot summer when the sun beat down hard on the scorching tiles of the roof. Romeo had climbed up there in search of adventure, while Juliet had taken refuge among the flowers of the garden seeking shelter from the blazing heat. It was love at first sight, an instant magnetic attraction that bound them forever.

Since then, Romeo and Juliet had lived on the roof together, sharing every moment of their lives. They rose at dawn to watch the sunrise, relaxed in the moonlight under the starry sky, and spent the nights hunting mice and playing in the shadows of the roof.

But not everything had always been so idyllic for the two cats. The old dilapidated house where they lived had been abandoned for years, and the roof began to give way under the weight of time and the elements. The tiles crumbled, the beams rotted, and the danger of collapse was always looming.

One day, while Romeo and Juliet were resting in the scorching sun, they heard a deafening noise coming from the roof. A piece of tile suddenly detached, sending debris and dust into the air. The two cats took refuge in the safest spot they could find, but the danger was very real.

They decided to gather the other animals in the neighborhood to find a solution. They rallied the pigeons from the neighboring roof, the mice from the garden, and even a stray little dog that happened to pass by. Together, they discussed how they could reinforce the roof and protect their home.

After long discussions and many failed attempts, they found a solution. They decided to ask for help from the humans in the neighborhood, telling them their situation and begging them to intervene before it was too late.

The humans, impressed by the determination and courage of the animals, agreed to help them.

Weeks of hard work followed, but in the end, the roof was reinforced and made safe for the animals living there. Romeo and Juliet watched with gratitude as the humans fixed the tiles and renewed the rotted beams.

With the roof repaired and made safe, Romeo and Juliet could continue to live their happy and carefree lives on the roof.

www.ingramcontent.com/pod-product-compliance
Lightning Source LLC
Chambersburg PA
CBHW052238150726
48002CB00003B/1488